Inhalt

Generation 50 plus - ein vernachlässigter Markt im Aufschwung

Kernthesen

Beitrag

Fallbeispiele

Weiterführende Literatur

Impressum

Generation 50 plus - ein vernachlässigter Markt im Aufschwung

K.Zirkel

Kernthesen

- Die Generation 50 plus wird künftig mit einem Haushaltsnettoeinkommen von durchschnittlich 2 360 Euro zur wichtigsten Verbrauchergruppe.
- Die Tatsache, dass Senioren von Werbung nicht als solche angesprochen werden wollen, stellt Werbefachleute vor eine große Herausforderung.
- Die Heterogenität der Zielgruppe eröffnet der Werbebranche ungezählte Möglichkeiten der Kommunikation.

Beitrag

Deutschland altert, das haben Marketing-Experten inzwischen verstanden. Doch diese Tatsache wird in der Werbung bislang nur unzureichend umgesetzt. Langsam entdecken Werber die Generation 50 plus als kaufkräftige Zielgruppe. Doch die Ansprache entspricht nicht den Bedürfnissen der Zielgruppe, pendelt zwischen Jugendwahn und Altersklischee.

Best Ager: wohlhabend und konsumfreudig

Knapp ein Drittel der Deutschen ist derzeit über 55 Jahre alt, 2050 soll bereits die Hälfte der Bevölkerung zu den Senioren gehören. Mit dieser demografischen Entwicklung steigt auch die Bedeutung des Silver Market für Industrie und Handel - und damit für die Werbung. Nicht nur, weil die Senioren den größten Teil der Bevölkerung stellen, sondern vor allem, weil sie die wohlhabendsten und kauffreudigsten aller Zeiten sind: Sie sind Kinder des Wirtschaftswunders und profitieren noch von einem funktionierendem Rentensystem; die Hypotheken sind in der Regel abbezahlt und die Kinder haben das Haus verlassen. Dem Konsum steht also nichts mehr im Weg. Nach einer Studie der Gesellschaft für Konsumforschung (GfK) gibt fast jeder Zweite der Generation 50 plus lieber sein Geld aus, anstatt zu sparen. Mit 2 360 Euro pro Haushalt stehen den 55- bis 65-Jährigen monatlich mehr Mittel für den Konsum zur Verfügung als dem Durchschnitt der Bevölkerung, mit 82 Prozent geben sie zudem einen größeren Teil ihres verfügbaren Einkommens aus als der Durchschnitt (75 Prozent). Alles in allem eine große Chance für Handel und Industrie - und die Werbebranche. (1), (2), (3)

Wer alt sagt, hat schon verloren

Doch die Tatsache, dass in naher Zukunft fast jeder Dritte über 50 Jahre alt sein wird, findet in der Werbewelt bislang kaum Berücksichtigung. Paradox? Die Generation 50 plus ist nach der klassischen Definition des Marketing eigentlich zu alt, um zur werberelevanten Zielgruppe der 19- bis 49-Jährigen zu gehören. Bislang galt in der Branche die eiserne Regel, mit den Älteren bloß nicht über das Alter zu reden. In der Tat tun sich viele Unternehmen schwer die Werbung auf diese Zielgruppe auszurichten. Denn die meisten Senioren wollen - bis auf wenige Ausnahmen - gar nicht als solche angesprochen werden: Viele empfinden sich zehn bis 15 Jahre jünger als sie sind. Und so wollen sie auch angesprochen werden. Daher rühren auch die schönfärberischen Vokabeln von den Silver und Best Ager bis hin zu den Happy Enders oder Woopies (Well-off-older-people=wohlhabende ältere Leute). Einige Werbefachleute haben dies erkannt und setzen Models ein, die der Wahrnehmung der Senioren entsprechen, also zehn Jahre jünger sind als die Zielgruppe. Kein Wunder, dass ein Shampoo gegen altes Haar ebenso ein Reinfall war wie spezielle Seniorenreisen, für die ein Reiseveranstalter vor einigen Jahren warb. Vereinzelt nähert sich die Werbung zwar der Wunschvorstellung der Zielgruppe, bedient aber in der Regel die klischeehafte Scheinwelt des gutmütigen, lebenserfahrenen Opas oder wirbt ganz platt mit agilen 20-Jährigen Models. Ältere Menschen haben kein Problem damit alt zu sein, aber sie haben ihre Not mit Werbefachleuten, die denken, dass sie zum alten Eisen gehören, brachte ein amerikanisches Werbefachmagazin das Dilemma der Werbung für die Generation 50 plus auf den Punkt. 90 Prozent der über 50-Jährigen können sich nicht mit den Inhalten von Anzeigen und TV-Spots identifizieren, fühlen sich nicht ernst genommen und sehen sich mit zu jungen Leitbildern in der Werbung konfrontiert. (3), (4), (5), (6)

Heterogene Zielgruppe

Problematisch ist, dass viele Werbefachleute die Generation 50 plus aus einem rein demografischen Blickwinkel betrachten. Dabei ist die Zielgruppe der Senioren genauso heterogen und facettenreich wie jede andere Zielgruppe auch. Wer von den Senioren spricht macht bereits den ersten Fehler. Denn diese definieren sich heute nicht mehr über ihr Alter, sondern über ihre physische Verfassung, ihre Lebenseinstellung und ihr Konsumverhalten. Grob gesagt werden sie von der Lebenserwartung her immer älter, von ihrer Einstellung dagegen immer jünger.
Das Hamburger Trendbüro unterteilt die Best ager in vier verschiedene Zielgruppen: Die vitalen Hedonisten mit einem ausgeprägten Körperbewusstsein, die familiären Moralisten, die in Harmonie mit sich und der Welt leben, die autonomen Flexisten, die neugierig auf Unbekanntes und interessiert an technischen Innovationen sind, sowie die rituellen Feudalisten, die vor allem auf Körperpflege, Prestige und Kultiviertheit Wert legen.
Die Möglichkeiten für Werber ihre Zielgruppen gezielt anzusprechen, sind also vielfältig. (2), (7)

Sieben goldene Regeln für die 50-plus-Werbung

Eine Analyse des Instituts für Senioren-Marktforschung Seniorresearch empfiehlt für die Werbung für die Generation 50 plus folgende Regeln einzuhalten:

Information:

Die Werbung sollte gezielte Informationen über das Produkt liefern.

Verständlichkeit:

Einfache Sprache, keinen Fachjargon, keine Anglizismen, eine große Schrift und gute Farbkontraste verwenden.

Emotion:

Zwar treffen Senioren Kaufentscheidungen rationaler, trotzdem sollte Werbung emotional sein. Optimal: keine isolierte, sondern eine Generationen übergreifende Darstellung älterer Menschen im sozialen Umfeld. Die Models sollten Gelassenheit, soziale Kompetenz und Lebenserfahrung ausstrahlen.

Unterhaltungswert:

Keine Witze über Senioren machen, aber Werbung durchaus mit einem Schuss Humor würzen.

Authentizität:

Ältere Menschen realistisch, nicht übertrieben jung und agil darstellen, junge Models nicht auf alt trimmen, das Leben im Ruhestand nicht glorifizieren oder die heile Welt der Großfamilie vorspielen.

Identifikation:

Altersselektierungen und Bezeichnungen wie Senior/in vermeiden. Abgebildete Personen sollten sympathisch wirken, Vorbildfunktion haben und den Charakter der Zielgruppe darstellen.

Nutzenorientierung:

Den altersspezifischen Nutzen hervorheben. Der

Mehrwert des beworbenen Produkts im Verhältnis zu Konkurrenzprodukten sollte deutlich werden. (5)

Fallbeispiele

Stark umstritten war in der Branche die jüngste Anzeigenkampagne der Kosmetikfirma Lever Fabergé. Auf großflächigen Postern wurden Frauen zwischen 54 und 63 Jahren abgebildet, die für die Hautpflegeserie **Dove pro age** für ältere Damen unbekleidet posierten. Ziel der Kampagne war es, offener mit dem Thema Frauen und Älterwerden umzugehen und Frauen die Angst vor dem Alter zu nehmen. Während einige Marketing-Experten den Mut zur realistischen Darstellung der Zielgruppe lobten, kritisierten andere, dass die Verbraucher weniger die beworbene Marke als vielmehr die politisch korrekte Haltung hinter der Werbung gutheißen. (5), (9)

Der Handel hat sich bislang wenig Mühe gemacht sich den Bedürfnissen der Generation 50 plus anzupassen. Doch vor Kurzem hat in der Niederlausitz der erste **Seniorenfachmarkt** Deutschlands namens Deliga eröffnet. Zeit, Komfort und intensiver Service sind nach Ansicht von Experten für Seniormarketing die wichtigsten Kriterien, um mit älteren Menschen ins Geschäft zu kommen. Im Seniorenkaufhaus sieht das so aus: Extragroße Umkleidekabinen, viele Sitzgelegenheiten, gefällige Musik, überdimensional große Preisschilder und doppelt so viele Mitarbeiter wie in einem konventionellen Kaufhaus. Vom Angebot her ist das Kaufhaus nicht von seinem konventionellen Pendant zu unterscheiden - der einzige Unterschied liegt in den Hilfestellungen der einzelnen Abteilungen. So verfügen Handys über große Tasten mit einer speziellen Notruftaste, die sie mit einem Arzt verbindet. Vor Fernsehern befinden sich schranktürengroße Lupen. Noch sind Seniorenkaufhäuser ein Nischenmarkt, der Jahresumsatz von Deliga mit einer Million Euro noch ziemlich bescheiden. Doch das wird sich mit dem demografischen Wandel ändern. In Freiburg, Dresden, und Hannover sind bereits Filialen geplant. (10)

Die GfK hat eine Kaufkraft der Generation 50 plus von 643 Milliarden Euro ermittelt. Die älteren Menschen von heute sind nicht nur konsumfreudiger, sondern auch aktiver, reisen mehr und sind zunehmend an Produkten der Unterhaltungselektronik interessiert. Seniorenmessen haben Hochkonjunktur: **Die 66** etwa ist deutschlandweit die größte Messe für die Generation 50 plus und umfasst ein breit gefächertes Angebot, das von Gesundheit und Wellness bis hin zu Tourismus und Reisen reicht. Die Messe startete vor drei Jahren mit 100 Ausstellern, in diesem Jahr präsentierten sich bereits über 300 Aussteller - und für 2008 hat der Veranstalter bereits 1 300 Anfragen registriert. (7)

Weiterführende Literatur

(1) Wer von "den Senioren" spricht, macht bereits den ersten Fehler
aus Absatzwirtschaft Nr. 05 vom 01.05.2007 Seite 078

(2) Wohlfühlen im Alter
aus Lebensmittel Zeitung 20 vom 18.05.2007 Seite 038

(3) Alt ist schön
aus Süddeutsche Zeitung, 17.02.2007, Ausgabe Deutschland, Bayern, München, S. 2

(4) 27. MÄRZ Werbung 50 plus
aus Absatzwirtschaft Nr. 03 vom 01.03.2007 Seite 115

(5) Die Welt ist schön!
aus "Bestseller" Nr. 06/07 vom 11.06.2007 Seite: 66

(6) So jung, wie man sich fühlt // Warum Ältere keine Seniorenreisen buchen
aus Der Tagesspiegel Nr. 19545 VOM 13.05.2007 SEITE

R02

(7) Michaelis, Karin, Einheitsbrei für 30 Millionen, werben und verkaufen, Nr. 17, 26.04.2007, S. 22
aus werben und verkaufen Nr. 17 vom 26.04.2007 Seite 022

(8) Internet immer beliebter
aus Süddeutsche Zeitung, 26.06.2007, Ausgabe Deutschland, S. 10

(9) Gieseking, Friedhelm, Die Ladys polarisieren, werben und verkaufen, Nr. 17, 26.04.2007, S. 40
aus werben und verkaufen Nr. 17 vom 26.04.2007 Seite 040

(10) Reifer Markt // Große Preisschilder, keine Rolltreppen: In der Lausitz gibt es den ersten Seniorenfachmarkt
aus Der Tagesspiegel Nr. 19517 VOM 14.04.2007 SEITE 016

Impressum

Generation 50 plus - ein vernachlässigter Markt im Aufschwung

Bibliografische Information der deutschen Nationalbibliothek

Die Deutsche Nationalbibliothek verzeichnet diese Publikation in der deutschen Nationalbibliografie; detaillierte bibliografische Daten sind im Internet über http://dnb.d-nb.de abrufbar.

ISBN: 978-3-7379-0741-5

© 2015 GBI-Genios Deutsche Wirtschaftsdatenbank GmbH, Freischützstraße 96, 81927 München, www.genios.de

Alle Rechte vorbehalten. Dieses Werk ist einschließlich aller seiner Teile – z.B. Texte, Tabellen und Grafiken - urheberrechtlich geschützt. Jede Verwertung außerhalb der Grenzen des Urheberrechtsgesetzes bedarf der vorherigen Zustimmung des Verlags. Dies gilt insbesondere auch für auszugsweise Nachdrucke, fotomechanische

Vervielfältigungen (Fotokopie/Mikroskopie), Übersetzungen, Auswertungen durch Datenbanken oder ähnliche Einrichtungen und die Einspeicherung und Verarbeitung in elektronischen Systemen.